Magic Answers

Magic Answers

BOOK

Troisième édition

GOOD MOOD DEALER
By EXERGUE

27, rue des Grands-Augustins
75006 Paris

Textes par Good Mood Dealer.
Design par l'Appartement *Parisien*.
Mise en pages par Louise Cosson.

ISBN : 978-2-492847-13-4

www.editions-tredaniel.com info@guytredaniel.
www.facebook.com/editions.tredaniel
@goodmooddealer www.goodmooddealer.fr

Imprimé par Laballery, 58500 Clamecy - octobre 2023 - 309670

Bienvenue
dans ton *Magic Answers Book !*

Ce petit livre va te permettre d'obtenir les réponses à toutes les questions que tu te poses.

Pour l'utiliser, prends le temps de bien réfléchir à ta question, respire, et laisse ensuite défiler les pages sous tes doigts avant de t'arrêter sur l'une d'elles : voilà ta réponse !

Si elle ne te convient pas, tu peux essayer de t'ancrer davantage et de bien respirer avant de recommencer. Mais il ne sert à rien de le faire jusqu'à ce que tu obtiennes la réponse souhaitée. Demande plutôt pourquoi tu reçois cette réponse.

Ce livre contient autant de réponses positives que de réponses négatives ou neutres, magiquement randomisées, ne t'en prends donc pas à lui ☺

C'EST FORT POSSIBLE

TU RISQUES D'ÊTRE DÉCU•E

C'EST CERTAIN

TOUS LES FEUX SONT AU VERT

SI TOUT SE COORDONNE BIEN, OUI

C'EST BIEN PARTI

JE SUIS OPTIMISTE

JE NE CROIS PAS

TU RISQUES D'ÊTRE DÉCU•E

TU DOIS APPRENDRE À LÂCHER PRISE

JE SUIS OPTIMISTE

C'EST NON

RIEN N'EST IMPOSSIBLE

PEU DE CHANCES QUE CELA SE RÉALISE

ÇA SEMBLE INENVISAGEABLE POUR L'INSTANT

JE NE VOIS PAS D'ISSUE

REPOSE LA QUESTION EN TE CONCENTRANT DAVANTAGE

JE NE PARIERAI PAS LÀ-DESSUS

C'EST SUR LA BONNE VOIE

ÇA RISQUE DE NE PAS SE PASSER COMME TU VOUDRAIS

TU AS RAISON D'Y CROIRE

ÇA RISQUE DE NE PAS SE PASSER COMME TU VOUDRAIS

C'EST TRÈS PROBABLE

TOUT DÉPEND DE TOI

ÇA ME SEMBLE COMPLIQUÉ

C'EST SUR LA BONNE VOIE

SÛREMENT

VRAISEMBLABLEMENT

CELA NE VA PAS ÊTRE FACILE

CE N'EST PAS LE MOMENT

D'APRÈS MOI NON

REFORMULE TA QUESTION

ÇA SEMBLE ÚTOPIQUE

REGARDE LES SIGNES

ÇA RISQUE D'ÊTRE UN PEU COMPLIQUÉ

TU NE SUIS PEUT-ÊTRE PAS LE BON CHEMIN

C'EST PLUS NUANCÉ QUE OUI OU NON

NE TE DÉCOURAGE PAS

IL VA FALLOIR PATIENTER ENCORE UN PEU

C'EST OUI

C'EST ENVISAGEABLE

SI TOUT SE COORDONNE BIEN, OUI

IL Y A ENCORE DES EMBÛCHES À PASSER

JE N'AI PAS D'AVIS

J'AI BIEN PEUR QUE NON

JE N'Y CROIS PAS

NE COMPTE PAS DESSUS

PEU DE CHANCES QUE CELA SE RÉALISE

IL Y A ENCORE DES EMBÛCHES À PASSER

REPOSE TA QUESTION

TU AS
LA RÉPONSE
EN TOI

ÇA NE M'ÉTONNERAIT PAS

LES DÉS SONT JETÉS

IL Y A UN TEMPS POUR TOUT

J'AI BIEN PEUR QUE NON

SANS AUCUN DOUTE

TU DOIS APPRENDRE À LÂCHER PRISE

LES DÉS SONT JETÉS

BIEN SÛR

SANS AUCUN DOUTE

TU AS LA RÉPONSE EN TOI

C'EST TOUT À FAIT JOUABLE

CE N'EST PAS SI SIMPLE

ÇA VA DEMANDER UN PEU DE TRAVAIL

C'EST PROBABLE

TOUT EST ENCORE POSSIBLE

JE NE CROIS PAS

JE NE M'EMBALLERAIS PAS TROP À TA PLACE

ÉVIDEMMENT

ESSAYE PLUS TARD

J'AI BIEN PEUR QUE TU RÊVES

ÇA VA DEMANDER UN PEU DE TRAVAIL

C'EST BIEN ENGAGÉ

TU CONNAIS DÉJÀ LA RÉPONSE

LA RÉPONSE VIENDRA QUAND CE SERA LE MOMENT

C'EST CERTAIN

CE N'EST PAS IMPOSSIBLE

TU AS TOUTES LES CLÉS EN TOI

BIEN SÛR

TOUT EST ENCORE POSSIBLE

RIEN N'EST FIGÉ

ÇA SEMBLE ÚTOPIQUE

REGARDE LES SIGNES

TU CONNAIS DÉJÀ LA RÉPONSE

OUI ABSOLUMENT

ÇA M'ÉTONNERAIT

LAISSE-TOI DU TEMPS

IL Y A DES RÉPONSES QU'IL EST PARFOIS PRÉFÉRABLE DE NE PAS CHERCHER

FAIS CONFIANCE À TES RESSENTIS

C'EST PLUS NUANCÉ QUE OUI OU NON

D'APRÈS MOI NON

C'EST MAL PARTI

C'EST FAISABLE

D'APRÈS MOI OUI

JE NE SUIS PAS TRÈS OPTIMISTE

C'EST MAL ENGAGÉ

IL VA FALLOIR PATIENTER ENCORE UN PEU

NE COMPTE PAS DESSUS

TU PEUX COMPTER DESSUS

TOUT DÉPEND DE TOI

NE PERDS PAS ESPOIR

D'APRÈS MOI OUI

RESTE MOTIVÉ•E

ÇA SEMBLE ÌLLUSOIRE

TU LE SAIS DÉJÀ

C'EST OUI

IL Y A PEU DE CHANCE

TU LE SAIS DÉJÀ

JE NE PEUX PAS RÉPONDRE À CELA

TU AS RAISON D'Y CROIRE

TU NE SUIS PEUT-ÊTRE PAS LE BON CHEMIN

TU PEUX COMPTER DESSUS

ÇA SEMBLE INENVISAGEABLE POUR L'INSTANT

J'AI BIEN PEUR QUE TU RÊVES

ÇA N'EST PAS POUR MAINTENANT

ÉVENTUELLEMENT

CONCENTRE-TOI SUR AUTRE CHOSE POUR L'INSTANT

SÛREMENT PAS

TOUS LES ÉLÉMENTS SONT RÉUNIS POUR QUE CELA SE RÉALISE

ÇA SEMBLE ILLUSOIRE

ÇA NE DÉPEND PAS QUE DE TOI

ÇA NE DÉPEND PAS QUE DE TOI

C'EST ENVISAGEABLE

C'EST FORT POSSIBLE

IL MANQUE QUELQUE CHOSE POUR QUE CELA SE RÉALISE

NE TE VOILE PAS LA FACE

IL Y A DES RÉPONSES QU'IL EST PARFOIS PRÉFÉRABLE DE NE PAS CHERCHER

J'Y CROIS

C'EST PEU PROBABLE

TU AS LA RÉPONSE SOUS TES YEUX, OBSERVE BIEN

CE N'EST PAS LE MOMENT

CE N'EST PAS GAGNÉ

PARFAITEMENT

RIEN N'EST FIGÉ

VRAISEMBLABLEMENT

REGARDE LA VÉRITÉ EN FACE

QUI NE TENTE RIEN N'A RIEN

TOUS LES ÉLÉMENTS SONT RÉUNIS POUR QUE CELA SE RÉALISE

TOUS
LES FEUX
SONT AU VERT

JE NE PARIERAIS PAS LÀ-DESSUS

EST-CE SI IMPORTANT ? SI OUI, RECOMMENCE

NE TE VOILE PAS LA FACE

C'EST TOUT À FAIT CONCEVABLE

C'EST MOINS DIFFICILE QUE CELA EN A L'AIR

RIEN N'EST IMPOSSIBLE

IL Y A UN TEMPS POUR TOUT

QUI NE TENTE RIEN N'A RIEN

JE NE M'EMBALLERAIS PAS TROP À TA PLACE

IL Y A PEU DE CHANCE

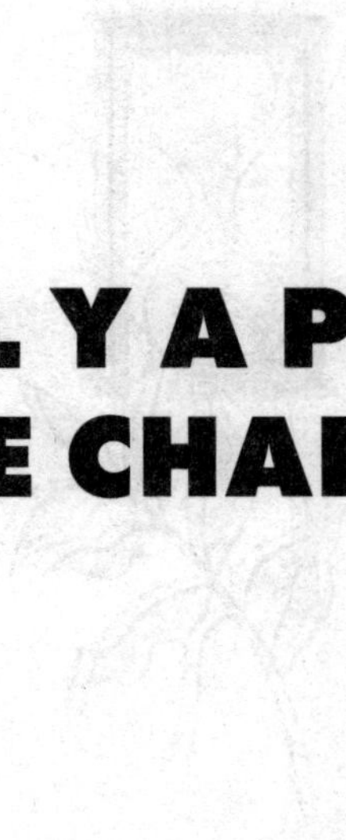

C'EST NON

LAISSE-TOI DU TEMPS

RESTE MOTIVÉ•E

FONCE

FAIS CONFIANCE À TES RESSENTIS

Dans la même collection :

Love Answers Book, 2021.

Déjà disponibles chez le même éditeur

L'Oracle de la Tatootherapy,
Sandytatoo.2.0, cartes oracle, 2021.

Mon premier oracle enchanté,
Isabelle Cerf, Sophie Trem, cartes oracle, 2021.

Morning Talks, Sosoo Mao,
cartes de pensée positive, 2021.

Ors et Ombres – L'Oracle d'Alchimie Lunaire,
Stéphanie Lafranque, Vic Oh,
cartes oracle, 2021.

The Venice Witch Oracle, Lili Nguyen,
Lucie Corbasson, cartes oracle, 2021.

Dans la collection « Ma Litho Box »
par Johann Chevillard et Isabelle Cerf

Enjoy! – Joie, confiance, plaisir.

Here & Now – Ancrage, stabilité, courage.

Keep Calm – Sérénité, apaisement, réconfort.

Sweetheart – Tendresse, amour, partage.

Dans la collection « Feel Good Puzzle »
par Isabelle Cerf et Sophie Trem

Everyday is a new day

Love is All

Let it Be

Puzzles de 500 pièces accompagnés
d'une méditation guidée.

l'Appartement
Parisien.